LE

DÉBARQUEMENT

DU ROI,

A CALAIS.

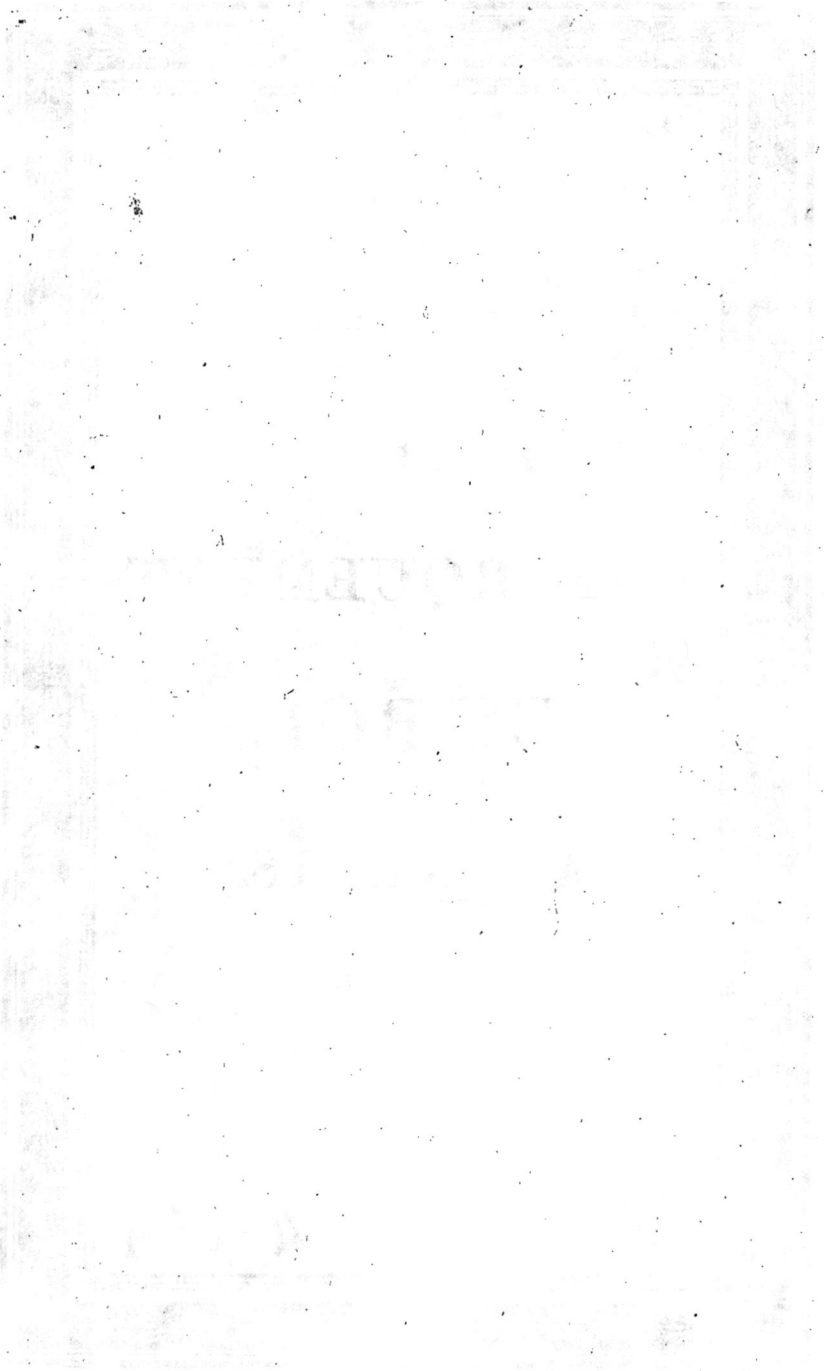

LE
DÉBARQUEMENT
DU ROI
à Calais,
LE 24 AVRIL 1814.

Vive Dieu ! les Français , sous les lois des Bourbons ,
Demeureront toujours religieux et bons !....

CHÂLONS-SUR-MARNE.

IMPRIMERIE DE BONIEZ-LAMBERT.

1822.

(C.)

LE DÉBARQUEMENT

DU ROI

A Calais, le 24 Avril 1814.

Muses, inspirez-moi : traçons à l'Univers
Le retour des Bourbons en héroïques vers !
Sitôt que le canon tonne, éclate dans Douvre,
Le double littoral rapidement se couvre
De deux peuples rivaux redevenus amis.
D'une part l'habitant des Royaumes-Unis
Fait de touchans adieux à cette antique race,
Sage dans les succès, ferme dans la disgrâce,
Toujours près d'oublier les maux qui lui sont faits
Et d'accabler l'ingrat sous le poids des bienfaits.
D'autre part, de Français, la multitude immense
Sur les bords Calaisiens, pleine d'impatience,
Adjure et les marins et les flots et les vents
D'approcher, au plutôt, le père des enfans.
Dans ces groupes nombreux qui garnissent les côtes
Tous affamés de voir les plus illustres hôtes,
Rangés sous l'étendard de la fidélité,
Combien de malheureux ! Quelle diversité !....
Orpheline en naissant, la vierge Vendéenne
A côté d'une tante, à genoux sur l'arène,

Partage son désir de voir descendre au port
LOUIS LE DÉSIRÉ.... Son père n'est plus mort !...
Leur deuil touche à sa fin : l'avenir prend des charmes
Pour celles dont les yeux versèrent tant de larmes !
    Près d'elles des vieillards, vénérables Pasteurs,
De leurs postes sacrés forcément déserteurs :
Et des filles sans art, charitables, pieuses,
Dans le monde pleurant leurs désertes chartreuses !...
Des braves sans emploi ; des chevaliers sans pain :
Des financiers forcés d'aller tendre la main
Aux portes des châteaux, jadis en leur puissance ;
Des châteaux où la joie accueillit leur naissance !
Combien d'autres tableaux plus sombres à tracer !...
O Louis, ô mon Roi ! s'il te faut effacer
De cent fléaux divers les traces trop certaines !....
La tâche est au-dessus des facultés humaines :
Mais tes hautes vertus et tes constans efforts
Nous rendront de la paix les précieux trésors.
    Prêtres et magistrats, agriculteurs, artistes,
Femmes, enfans, vieillards, tous fervens royalistes,
L'œil tourné vers la Manche et le corps suspendu,
Cherchent à distinguer le Monarque attendu,
Où préalablement le vaisseau (1) qui l'amène
Et n'est qu'un point encor sur la liquide plaine.
Ce point inaperçu, que l'on sait navigeant,
Porte LOUIS, guidé par un Prince régent,
Qui, doué d'un grand cœur, le vénère et l'admire :
Tant sur les vrais héros la sagesse a d'empire !
Cependant les objets, de moment en moment,

(1) Ce Vaisseau était un Yacht, mot peu poétique.

Deviennent plus distincts par leur rapprochement ;
Et de l'escadre, enfin, qu'un bon vent favorise,
La masse se grossit, s'étend et se divise.
Du même port, jadis, des navires Anglais,
Avaient pris même essor pour d'hostiles projets ;
Avaient, par la menace, inspiré l'épouvante.
Que leur vue, aujourd'hui, produit une autre attente!
Trente vaisseaux armés, loin de semer l'effroi,
Font naître l'allégresse : ils ramenent le Roi.
Du haut du firmament, l'astre qui nous éclaire,
Lance des traits au sein de l'humide atmosphère :
Il y dessine un arc, dont les riches couleurs
Résultent de rayons brisés dans les vapeurs.
Sans effort, tous les jours, la puissante nature,
Etale ces effets, écueils de la peinture.
Ce bel arc que Noë, le premier contempla,
Couronne tant de nefs d'un tout divin éclat.
A sa cime, un esprit, céleste créature,
Apparaît, droit, ailé, d'une haute stature,
Qui, d'abord, se tournant vers la riche Albion,
Fait entendre ces mots : « ILLUSTRE NATION !
» Par tes arts, tes trésors, ton commerce, fameuse ;
» Eminemment active et forte et généreuse ;
» Tu vois avec regret s'éloigner de ton sein
» Un sage qui subit un rigoureux destin,
» Mais que le Ciel renvoye à sa chère Patrie,
» Par cent tyrans divers depuis vingt ans flétrie :
» Il lui porte la paix ; il va sécher ses pleurs
» Par le règne des lois, remède à ses douleurs.
» Et vous, Roi présomptif, à qui le cœur suggère
» De conduire à son peuple un maître moins qu'un père,

» Déjà vous entendez les cris de son amour,

» Et vous le publîrez dans le royal séjour.

» Ah ! puissent vos sujets, quand vous serez au Trône,

» Ne point mettre en question vos droits à la Couronne !

» Il est juste, il est grand de s'entre-secourir.

» A vingt Princes ou Rois la France sut offrir

» Cette hospitalité qu'a Charles (1) éprouvée,

» Et que, dans Albion, Louis a retrouvée.

Ainsi dit l'esprit pur ; et tournant vers Calais

Sa face radieuse et ses divins attraits,

Il reprend d'une voix suave, prophétique,

Et dit, d'abord, les droits de cette race antique

Au trône très-chrétien, si long-temps profané,

Qui se verra bientôt de cent vertus orné.

» Voici, Français, dit-il, un Prince magnanime :

» Sa tête enfantera cette Charte sublime

» Qui doit clore à jamais la révolution (2).

» Si quelqu'un d'entre vous a la prétention

» D'y changer un seul mot : arrêtez son audace.

» Au temps seul appartient de polir cette glace.

» Louis n'est point Achille enflammant des soldats,

» Ne respirant que sang, pillages et combats.

» De branches d'olivier sa tête se couronne :

» C'est un Ange de paix : il oublie et pardonne !

» Exilé des palais construits par ses ayeux

» Que souvent vers la France il a tourné les yeux !

» L'histoire a buriné sa réponse sublime

» A l'offre que lui fit un chef illégitime (3).

(1) Charles II.
(2) Pensée d'un de nos plus profonds publicistes.
(3) Napoléon avait écrit au Roi pour obtenir de lui une renonciation en sa faveur,
de ses droits au trône de France, lui offrant, etc.

» Tandis qu'il consolait tant d'illustres proscrits,
» Ne désespérant pas de la cause des Lys,
» La fille des Césars, MADAME, en Angleterre,
» Secondant les efforts d'un oncle, ou mieux d'un père,
» En se privant de tout, aux prisonniers Français
» Prodiguait les secours, les soins et les bienfaits.
» Peuple trop fortuné, soumis à de tels Princes,
» Fais la guerre aux méchans; purges-en tes provinces.
    Jettant sur le Monarque un regard vif et doux,
Il ajoute : « O LOUIS, qui, pour le bien de tous,
» Roules dans ton grand cœur de si nobles pensées!
» Que tes conceptions se verront traversées
» Des ennemis de l'ordre et des contradicteurs !
» Mais tu n'essaieras point des prisons, des licteurs...
» Dans ton cœur est l'amour ; dans ton sein la clémence,
» La clémence et l'amour subjugueront la France !
» Ah ! faut-il que le crime, oubliant son affront,
» Doive un jour parvenir à relever son front !
» La mer revomira l'abdicateur transfuge !....
» Pendant cent jours de deuil. Grand sera ton refuge,
» L'édifice des lois sera bouleversé :
» L'enfer triomphera : mais le Ciel courroucé,
» Ruinant ses projets, soufflera sur les traîtres,
» Et la France, à grands cris, rappellera ses maîtres!
» Hélas ! plus tard encore, un athée assassin,
» Percera d'un stilet le plus généreux sein :
» Espérant d'un seul coup, de parricide audace,
» Anéantir ta haute et glorieuse race !
» Mais forfait inutile: un Ange de bonté,
» Séchant ses pleurs, luttant contre l'adversité,
» Promet un rejeton et sait tenir parole ;

» (Promesse des Bourbons ne fut jamais frivole) :
» Et ce bienfait des dieux, bannissant les soucis,
» A la face du monde éternise les Lys.
» Ces dieux perpétueront à jamais ta lignée
» Pour régner sur la France à jamais résignée.
» Tes droits sont tes vertus, celles de tes ayeux,
» Et plus que tout encor, la volonté des Cieux. »
Il dit et disparaît : sa lumineuse trace
Éblouit tous les yeux et lentement s'efface.
Le Roi médite en lui ces révélations ;
Voit un terme lointain aux révolutions ;
En rend grâce au Très-Haut ; au Très-Haut se confie,
Et lui fait humblement l'offrande de sa vie.
Effet miraculeux de tendre piété !
L'auguste front du Roi, brillant de majesté
Pénètre tous ses gens ; soudain les électrise
Sa grande âme les meut, les guide ou les maîtrise.
Tel est au sanctuaire un ministre des dieux,
Courbé sur leurs autels. Quand d'un élan pieux
Il se prosterne et met, par cette humble posture
Aux pieds du Tout-Puissant sa faible créature,
On voit tout le troupeau, d'un commun mouvement,
L'œil humide, à genoux, tombe spontanément :
Unir ses vœux aux vœux du pasteur vénérable
Et sentir les effets d'un mystère adorable !

Ainsi, quand dans les cieux, Louis cherche un appui,
Sa Cour, tout l'équipage intercède avec lui.
De l'homme, tendre amie, ô divine prière,
Tu fais communiquer le Ciel avec la terre !....
L'arc demeurait, parant le plus beau des tableaux
Que forment cette mer, ce soleil, ces vaisseaux ;

Ces marins entassés sur des planches flottantes ;
Sur l'un et l'autre bord ces salves éclatantes,
En l'honneur d'un BOURBON, gloire des potentats,
Se hâtant de rentrer dans ses vastes états ;
Goûtant déjà l'effet d'un accord unanime,
Si bien à l'unisson de son cœur magnanime !
La terre dans l'attente et le Ciel s'entr'ouvrant,
Pour montrer aux élus le spectacle énivrant
D'un Roi près d'aborder et pleurant de tendresse,
D'un peuple transporté d'une incroyable ivresse,
Et donnant un cours libre à ses émotions !
Qui pourrait retracer les acclamations
Dont se vit saluée une race chérie
Lorsqu'elle s'approcha du sol de la Patrie ?
Jamais père adoré ne fut de ses enfans
Reçu par plus d'amour, de plus tendres élans !
Pour citer d'un bon Roi l'ame compâtissante,
C'est le nom d'un BOURBON qui, d'abord, se présente.
Jadis un malheureux que le fisc poursuivait,
Finissait par ce cri : *Si le Roi le savait !* ....
Oh ! que ce cri naïf avec charme nous trace
Les portraits d'un bon peuple et d'une aimable race !
A ce tableau quel trait pourrait être ajouté
Pour mieux peindre à la fois *Confiance* et *bonté ?*

La flotte en arrivant près des côtes de France
Sur le signal donné par le Duc de Clarence,
Fait tonner tout son bronze et mugir les échos :
Les rochers, un instant, sont couverts par les flots :
Et la mer, jusqu'au port, fortement agitée,
Menace d'envahir la superbe *jetée.*
Vingt mille spectateurs, le désir dans les yeux,

Plongent sur le canal des regards curieux,
Et frémissent d'amour à l'aspect du panache
Qui noblement rappelle une gloire sans tache.
Du céleste séjour le bienheureux Louis
Tourne de saints regards, veille sur son cher fils.
Qui suppute en son cœur tout le bien que peut faire
Un Roi, lorsqu'il fournit une longue carrière ;
Qui, sur un peuple instruit et jaloux de ses droits,
Ne songe qu'à régner par les plus sages lois.
En ce jour solennel, Eustache de Saint-Pierre,
Et tous vos compagnons, revenez sur la terre ;
Montrez-vous rayonnans de vos titres acquis
Sur les bords glorieux du pays reconquis :
Son peuple, brave, actif, reconnaissant, fidelle,
Proclame vos vertus ; dans son sein vous appelle.
Un Monarque apparaît, de son peuple adoré ;
Comme le Dieu des eaux, de sa cour entouré :
Ce n'est plus Edouard, possédé de Bellone,
Abusant du pouvoir que la force lui donne,
D'une faible cité (1), péniblement vainqueur,
Qui veut sur des héros exercer sa fureur.
Venez voir réunis les enfans et le père,
Et racontez aux morts un retour si prospère !
Dites-leur que Louis, un simple Lys en main,
Apporte, en souriant, la paix au genre humain.

   Les vaisseaux sont tout près : le Roi la tête nue,
Tend les bras vers la terre, et sa main la salue.
Un échange charmant, d'amour et de respect,

---

(1) Calais n'étan point au temps d'Edouard ce qu'il est aujourd'hui, mais ses
habitans déployèrent contre lui une vaillance extraordinaire. En 1347, Calais resta
200 ans, environ, au pouvoir des Anglais.

S'établit aussitôt du monarque au sujet ;
Tant de corps inclinés, tant de cœurs qui palpitent,
De drapeaux qui du sol au haut des tours s'agitent;
De mots entrecoupés, de bras en mouvement,
Expriment des Français l'exclusif sentiment.
Les cloches dans les airs, les canons sur la plage,
Font puissamment au loin retentir le rivage.
Dans ces bruyans concerts, dans ces tableaux touchans,
Les marins font entrer des manœuvres, des chants.
Une main vers le Ciel, l'autre sur sa poitrine ;
Condé, Bourbon à gauche ; à droite une héroïne ;
Derrière, des amis ; car il en sut trouver,
Le vénérable Roi, glorieux d'arriver
Au milieu de son peuple, au sein d'une patrie
Toujours de son grand cœur si tendrement chérie,
Fait signe qu'au plus vîte il désire aborder :
Le pilote comprend, s'élance et sans tarder
Tourne le gouvernail, et fait proue à la rive :
Mais un courant se gonfle et le vaisseau dérive :
Tous s'en sont aperçus : Ce n'est point une erreur.
A l'espoir le plus vif succède la terreur
Qui tôt s'évanouit : la quille se dirige
Vers le milieu du môle et soudain un vertige
Semble s'être étendu sur tous les spectateurs.
Au Zénith le soleil a de vaines ardeurs.
Les femmes, les enfans, oubliant leur faiblesse,
Affrontent hardiment la foule qui les presse ;
Suivent des yeux le Roi, dont tous les mouvemens
Sont des signes d'amour et des embrassemens.
Les sommités des murs, les tours, les embrasures,
Les combles, les frontons, les frises, les moulures,

De près comme de loin, à toutes les hauteurs,
Tout se trouve habité par des admirateurs.
    Enfin la nef s'arrête et l'ancre rassurante,
Va chercher un appui dans l'onde transparente :
Cent canots sont en mer ; l'un d'eux orné de Lys
Porte des magistrats qui vont trouver Louis.
Le Roi, les orateurs versent de douces larmes,
Les assistans aussi, qu'ils y trouvent de charmes !
Réponses et discours sont coupés de sanglots,
Que rend plus expressifs le murmure des flots.
Des répétitions on aime la fréquence :
Moins les mots ont de sens, plus ils ont d'éloquence.
O trouble inexprimable, ô désordre enchanteur,
Que votre source est pure et votre excès flatteur !
Vingt airs qu'ont enfantés l'amour et la victoire
Font battre tous les cœurs de notre antique gloire.
Ces chants entrecoupés par le canon des forts,
Etouffés par instans, en renaissent plus forts.
Des flûtes, des hautbois, la douce mélodie
Vient cent fois au secours de l'oreille étourdie.
Le Roi répète encor qu'il souhaite aborder :
Princes et matelots alors veulent aider,
Quand le canot est prêt, le Monarque à descendre ;
Mais, oubliant son âge, on le voit s'en défendre.
Il marche d'un pas ferme et se sent rajeunir
En touchant le sol franc, auquel il vient s'unir.
Avec distraction il entend dix harangues....
Il se plaît davantage au bruit confus des langues
Qui dans la foule peint plaisir et vérité....
Le voici.... c'est bien lui !... Combien de majesté,
De grâce, d'enjouement, de bonté, de noblesse !

Combien dans son œil bleu de douceur, de finesse !..
Quel air ému... charmé !... Quel regard satisfait !....
Que son visage auguste inspire de respect !...
Le Roi reste long-temps debout, à même place...
Pierre ! du pied royal (1) garde la noble trace !
Après un tel honneur que sur toi désormais
Aucun profane pied ne se pose jamais !...
Et qu'un monument simple, à l'appui de l'histoire
D'un jour si fortuné rappelle la mémoire !
De la rose et du Lys possédant les couleurs
Aux genoux de MADAME, et les couvrant de fleurs,
Trente jeunes beautés, timides, innocentes,
Récitèrent de vers, des tirades charmantes,
Que MADAME, aussitôt, voulut récompenser,
Et chacune reçut l'angélique baiser.
Elle met sur son cœur ces Lys qu'on lui présente
Avec une expression sublime, ravissante:
BOURBON (2) verse des pleurs, mais ceux-là sont amers,
Il porte ses regrets de—çà de—là les mers.
Tant qu'elle durera cette douleur profonde
Devra comme sa cause intéresser le monde,
Attrister les Français, dont le cœur généreux
S'ouvre aux gémissemens d'un père malheureux.
  L'haleine des BOURBONS si suave et si pure,
Dissipe en un instant l'erreur et l'imposture.
Ingénue et sans fiel, la restauration
Donne le coup de mort à l'usurpation.

---

(1) L'illustre ville de Calais a fait graver le pied du Roi sur la pierre où il l'a posé en descendant ; et elle a obtenu l'autorisation d'ériger, auprès, un monument simple, qui rappelle l'insigne bonheur qu'elle a eu de recevoir le Roi la première.

(2) M.gr le Duc de Bourbon , père de M.gr le Duc d'Enghien.

Triomphe remarquable et rare dans l'histoire !
L'olivier de la paix couvre de la victoire
Le laurier immortel , toujours intéressant ,
Et qui serait divin s'il n'était teint de sang !
S'asseyant sur un char , le Roi s'offre à la vue.
Une explosion d'amour perce aussitôt la nue.
C'est , assurent les uns , Vespasien , Titus :
C'est mieux , crie une voix : *C'est un Français de plus !* (1)
Élégamment vêtue , une troupe nerveuse
Et leste et dévouée et fidelle et joyeuse
De seize Calaisiens s'empare du timon
Et promène le Roi , le Prince de Bourbon
Et son père et Madame , amis inséparables ,
Tous au même degré pieux et secourables :
Tous possédant à fond l'art de faire le bien :
Et des infortunés l'espoir et le soutien.

Le cortége royal pompeusement s'avance :
La garnison le suit : le peuple le devance ;
Foulant , sur le grand quai , des feuillages , des fleurs ,
Les vaisseaux pavoisés brillent de cent couleurs :
Tentures , drapeaux blancs , par-tout , charment la vue ;
Un sable tamisé tapissant chaque rue ,
Mille caisses et pots de Lys et d'arbres nains ,
Font de l'heureux Calais le plus beau des jardins !...

Les prêtres assemblés sur le chemin du temple
Attendent des Bourbons un mémorable exemple
De grâces au Seigneur , de tendre piété.
Patriarches fervens de la fidélité ,
Tant à leur Dieu qu'au Prince, ils chantent dans vingt psaumes ,

(1) Mot de Monsieur.

Celui qui distribue ou reprend les royaumes ;
Qui, lorsqu'il en est temps, récompense ou punit.
Louis s'approche d'eux ; à leur ferveur s'unit.
Il descend de son char et se rend au saint temple,
Où la foule le suit, l'imite et le contemple,
Remerciant le Ciel d'un jour si pur, si beau.
Avec le Roi ce lieu prend un aspect nouveau :
Cette foule, avec lui, sur le grès s'agenouille :
De larmes le pavé de toutes parts se mouille.
Que ce peuple attendri, pieux, reconnaissant,
Forme pour l'ame tendre un tableau ravissant !
Dieu descend dans les cœurs, tous il les purifie :
Il fait germer dans tous une nouvelle vie.
Quel spectacle sublime ! ô murs, redites bien
Ces chants, ce *Te Deum !* dites ; n'omettez rien.
Je sens pour ces récits ma parfaite impuissance.
Tout était expressif ; tout,.. jusques au silence !...
Qu'il donna saintement la bénédiction
Ce pasteur qu'exila la révolution !
L'enfer en fut troublé ; l'impie osa sourire
En voyant devant Dieu le chef d'un grand empire
Dans une douce extase humblement prosterné.
Sous Louis, de l'Eglise auguste fils aîné,
Les scandales de Cour ne seront plus à craindre.
Cœurs superbes et durs, que vous êtes à plaindre !
Vous ne connaissez point la sainte émotion
Qu'enfante la prière et sa douce onction !
Vous ignorez, enfin, les charmes de la vie :
Que votre sort, hélas ! est peu digne d'envie !

    Lorsqu'il eut satisfait à ce premier devoir,
Le Roi s'environna des marques du pouvoir ;

Admit les magistrats et tous les militaires,
Le clergé, les bourgeois, causa de leurs affaires ;
Leur parla du concours sur lequel il comptait
Pour faire promptement le bien qu'il projétait.
A tous il tend la main ; d'une voix paternelle
Les encourage tous, par leur nom les appelle ;
Exalte leurs écrits, leurs faits, leur équité,
Leur esprit, leur talent ou leur fidélité.
Il ne trouve, dit-il, de charme en la puissance
Que l'appui qu'elle prête à la reconnaissance.
— Les braves citoyens de la ville aux *Risbans* (1),
Où Jean Bart prit naissance au milieu des Flamands,
Avaient fait supplier Louis, en Angleterre,
De vouloir dans leur port, par grâce prendre terre.
A leur prière aimable il fut galamment sourd :
» *Vous eussiez, comme moi, tiré par le plus court,*
» *Messieurs, pour arriver dans notre belle France:*
» *De vous-même Calais eût eu la préférence.* »
Avec quel intérêt il accueillait partout
Les produits du commerce, ou des arts ou du goût :
Les traits d'humanité, les hauts faits militaires !...
Qui ne fut point ému lorsqu'il disait aux frères :
» Faites de bons chrétiens ; ils seront bons Français !
» Jamais je n'oublîrai la ville de Calais,
» Disait encor ce Prince, et je veux qu'on y croie.
» C'est en y débarquant que des larmes de joie
» S'échappèrent enfin de mes yeux attendris :
» C'est-là que j'ai revu d'anciens et bons amis :
» Que j'ai pu respirer un air pur, salutaire,

---

(1) Dunkerque, patrie de Jean Bart, possédait, loin dans la mer, deux célèbres forts ou Risbans. Démolis à la paix d'Utrecht, en 1713, on les rétablit en 1783.

» Et presser des enfans sur le cœur d'un vrai père. »

Le Roi donne deux jours aux Calaisiens charmés
Qui lui représentaient tous ses sujets aimés ;
Mais une voix songe à la France proclame:
LOUIS EST DÉBARQUÉ !... Lors Paris le réclame.
Il veut près de MONSIEUR, voir arriver LOUIS :
Il veut tous les BOURBONS dans son sein réunis,
Pour leur jurer amour, fidélité, constance.
Le Roi cède à ses vœux, connaissant l'importance
De régler au plutôt les droits et les pouvoirs :
De remplir, en un mot, de sublimes devoirs !
O fortunés sujets , ô trop heureuse France,
Qui sentez tout le prix de cette impatience,
D'abjurer toute erreur ayant fait le serment ,
Criez : VIVE LE ROI, criez-le constamment !

Châlons , 15 juillet 1822.

CHALETTE, *Géomètre.*

Cet Opuscule a été offert par l'auteur à la Société d'Agriculture , Commerce , Sciences et Arts du département de la Marne, dans sa séance du 15 Juillet 1822.

www.ingramcontent.com/pod-product-compliance
Lightning Source LLC
Chambersburg PA
CBHW060711280326
41933CB00012B/2397